CW00493944

About the Author

Poul Lynggaard Damgaard (born 1977) is a Danish poet living in Aarhus, Jutland, Denmark. Since 2012 he has been connected to the Aarhus Centre for Literature and the Hald Hovedgaard, the Danish Centre for Writers and Translators. He is a member of the Danish Authors' Society. His work appears in many Scandinavian anthologies and Danish poetry collections. He has participated in several international poetry festivals in Europe, and his poetry has been translated into many different languages.

Previous Publications

Boks Sepia, 2013
Disk Habitat, 2014
Stedets omvendte beklædning, 2015
Figurativ uniform, 2016
Vi bærer hinanden som frakker, 2019
Rejsens farver, 2020
Tid mellem Kronblade, 2022

Representation at Festivals

International Poetry Festival "Ditët e Naimit", Edition XXI, 2017, Tetovë, Macedonia.

"Orpheus", International Festival of Poetry of Orpheus, Plovdiv, Bulgaria, Edition I, 2018

International Poetry Festival, 5th edition, 2019 in Rahovec, Kosovo.

"StAnza", Scotland's International Poetry Festival, 2020. St Andrews, Scotland.

Poul Lynggaard Damgaard

SONG OF WALLS

Translations by Rikke Kirchheiner

AUSTIN MACAULEY PUBLISHERS™
LONDON • CAMBRIDGE • NEW YORK • SHARJAH

Copyright © Poul Lynggaard Damgaard 2023
Translation copyright © Rikke Kirchheiner 2023

The right of Poul Lynggaard Damgaard to be identified as author of this work has been asserted in accordance with section 77 and 78 of the Copyright, Designs and Patents Act 1988.

The right of Rikke Kirchheiner to be identified as translator of this work has been asserted in accordance with section 77 and 78 of the Copyright, Designs and Patents Act 1988.

All rights reserved. No part of this publication may be reproduced, stored in a retrieval system, or transmitted in any form or by any means, electronic, mechanical, photocopying, recording, or otherwise, without the prior permission of the publishers.

Any person who commits any unauthorized act in relation to this publication may be liable to criminal prosecution and civil claims for damages.

A CIP catalogue record for this title is available from the British Library.

ISBN 9781398498785 (Paperback)
ISBN 9781398498792 (ePub e-book)

www.austinmacauley.com

First Published 2023
Austin Macauley Publishers Ltd
1 Canada Square
Canary Wharf
London
E14 5AA

Thanks to friends in Tetovë, Plovdiv and Rahovec.

POEMS

Ingen tager det hele med 8
Nobody takes it all

De tilmurede linjer over vandene ...10
The bricked lines over the waters

Kald 12
Call

Kære By 14
Dear city

Dagen uden kanter 16
The day without edges

Bortrejst.......................................18
Away

Fælles indsats 20
Joint effort

Ingenting uden tegn..................... 22
Nothing without signs

Et øjebliks søjle........................... 24
A pillar of the moment

Usete sandheder 26
Unseen truths

Håbets afstand 28
Distance of hope

Billedernes åndedræt 30
The breath of the pictures

Orfeus 32
Orpheus

Gadens forsvar 34
Defence of the street

Modets fuge 36
The courage of the junction

Knast 38
Knot

*** 40

Opfyldt.. 42
Fulfilled

Grunden 44
The ground

Som sommer som sommer........... 46
Some summer some summer

Mit halve liv afgør kroppen 48
My half life determines the body

Tyndt spejl i vinden 50
Thin mirror in the wind

For enden er der en anden sti.........52
At the end there is another path

Min sandalfod............................. 54
My sandal foot

Minimal diktat..............................56
Minimal dictation

Hestemåne...................................58
Horse Moon

Selvom træerne er fældet.............. 60
Though the trees have fallen

Til siden stirres der ned................ 62
Stare down to the side

Et barn græder............................. 64
A child is crying

Panorama på langs....................... 66
Along the panorama

Væggenes sang 68
Song of walls

Svævende tæpper 70
Gliding blankets

Vilde svaner 72
Wild swans

Vi ville 74
We wanted

Sprogets krog 76
The hook of language

Tilfredsstillelse ved irettesættelse af stof 78
Satisfaction with reprimanding substance

Skrabet himmel 80
Scraped sky

Konstruktionens støj 82
The noise of the construction

Silketræ 84
Silk tree

Sjældent til stede 86
Rarely present

Hvilende krav 88
Resting requirements

Åndedræt fra kyst til kyst 90
Breath from coast to coast

Dovne linjer 92
Lazy lines

Tom by 94
Empty city

Tyngden af et glimt 96
The weight of a glimpse

Absolut enighed 98
Absolute agreement

Stilhedens afstand 100
The distance of silence

Det sidste menneske 102
The last human being

Indhak 104
Notch

Rummets glød 106
The glow of the room

Smadret fantasi 108
Broken fantasy

Den frihedsskabende udsigt 110
The view of created freedom

Vi lader os bevare ved et hav der aldrig dør for os 112
We let ourselves be preserved by a sea that never dies for us

En enkelt dråbe er en fugleflok 114
A single drop is a flock of birds

Tændt støv 116
Illuminated dust

Sirene 118
Siren

Ridser 120
Scratches

Aktiv ankomst 122
The action of arrival

Ingen tager det hele med

Om jeg har en krop i morgen afhænger af
om jeg nogensinde har haft en krop af
græs.
Mit hoved er andres virkelighed.
Intet hjem flimrer som dit.
Jeg beder om at alle vidner skal sove.
Du snakker med en del af noget ud over dig selv.
Jeg går ind i en gren blot for at mærke et enkelt blad.

Nobody takes it all

Whether I have a body tomorrow depends on
whether I've ever had a body of
grass.
My head is the reality of others.
No home flickers like yours.
I ask for all witnesses to sleep.
You talk to a part of something beyond yourself.
I walk into a branch just to feel a single leaf.

De tilmurede linjer over vandene

I nat skal ingen sejle, og hånden fører blyanten
på papiret og tegner en forladt båd midt i søen
med årerne langs siderne stillet til ansvar i bølgerne.

Under de drivende dage slår mol ud
på en væg og kaster illustrationen op
i et træ, der svajer fra side til side
ved stien væk fra værelset.

Her bor ingen langt fra havet,
og hånden laver en ny skitse
på den anden side af vandet.

The bricked lines over the waters

This night nobody will sail, and the hand will lead the pencil
on the paper and draw an abandoned boat in the middle of the lake
with the oars along the sides responsible for the waves.

During the driving days minor cords break out
on a wall and throws the illustration up
in a tree that sways from side to side
by the path away from the room.

Here no one lives far from the sea,
and the hand makes a new sketch
on the other side of the water.

Kald

Kun når jeg ser mig tilbage, er dine øjne klare svar
der fortæller mig, at det er inde i mit hoved
træerne springer ud. Alligevel går jeg
frem i labyrinten, hvor blindheden
er min styrke og hvert snefnug
røres som en tanke.
Der er ingen vej tilbage,
og der er langt til det punkt,
hvor havet falder ud af himlen,
men når det sker kalder jeg kaldene
kald
i dit nærværs mørke.
Jeg er et rart hav.
Det kan du godt tømme for ideer.

Call

Only when I look back, your eyes are clear answers
that it's inside my head the trees
are blossoming. Anyway, I go
forward in the maze, where blindness
is my strength and every snowflake
is stirred like a thought.
There is no way back,
and there is a long way to the point,
where the sea falls out of the sky,
but when it happens, I call the calls
a calling
in the darkness of your presence.
I am a pleasant sea,
which you may empty of ideas.

Kære By

Jeg vil fortælle om husenes mellemrum, og den måde vinduerne er udenfor alting. Kender du noget til det? Og kender du til den måde bydelene er trukket på en snor gennem bevidstheden, og den måde grupper af mennesker opstår i en dialog på kanten af et område? Jeg er nemlig ikke sikker på, at du gør, for nogle gange er lynlåsen i din frakke en nedlynet motorvej, og du vender ryggen til. Du kaster frakken fra dig, springer i vandet og svømmer væk. Det glinsende i dit lange våde hår er lyset fra nattens oplyste rum. På hjørnet ud til hovedvejen, hvor det forsømte hus uden vinduer lå før, er der blevet opstillet en bod, hvor husenes mellemrum og deres minder sælges til besøgende. Og var det virkelig din ukendte bror, eller var det bare dig, jeg så i øjnene dér?

Kærlig hilsen
et hus

Dear city

Let me tell you about the gap between houses and the way the windows are beyond everything. Do you know anything about that? Do you know the way neighbourhoods have been pulled on a string through your consciousness, and the groups of people emerge on the fringe of an area? I am not sure you do. Sometimes the zipper of your coat is a downhill highway and you turn your back, you throw your coat off, jump into the water and swim away. The shining of your long wet hair is the light of the night's illuminated space. On the corner of the main road where the neglected house without windows used to be, a booth has been placed, where the gaps and the building's memories are being sold to visitors. Was it really your unknown brother, or was it just you, I looked into the eyes right there?

Best regards
a house

Dagen uden kanter

Jeg genkendte dig i flyet og lyset som det landskab
der lå bagved. At sidde og ikke vente beskyttet
af bjerge til alle sider. Et strejf af en vidende vind,
mens det gule blad falder fra træet. Træets blade
faldende mod dit spejl. Bjergtop oplyst af gadelampe
i et andet landskab. Langt fra alle ting kan fastholdes.
At knappe fra alvor til glæde den dag jeg ikke talte
med fuglene, men hvor de gav mig besked. Solen som
en skål under bjerget. Du tænder et stearinlys for mig.

The day without edges

In the plane I recognised you and the light as a landscape,
behind you. To sit and wait not protected
of mountains on all sides. A touch of a knowing wind,
while the yellow leaf drops from the tree. The leaves of the tree
are falling against your mirror. A mountain peak lit by a street lamp
in another landscape. Far from all things that can be maintained.
To change from solemnity to happiness the day I did not speak
with the birds, but where they gave me a message. The sun like
a bowl beneath the mountain. You light a candle for me.

Bortrejst

Jeg sidder på en kontinentalsokkel
og har ikke længere navne for årstider.
Odysseus klynker i mit hus. Min verdensrus.

En bølge brydes altid. Alt er alvorligt talt sol.
Dette sekund, sat på spidsen, i omfattende opmærksomhed
som alle drømmer om. Mine støjende venner nær havet i et lokale.
Sætninger sat på formel nær smuldret mur. Ring om krop som gnist.
Mindet om en væg skabt i noget for sig. Jeg bad om at nogen holdt øje
med mit sprog, og der skete ikke en eneste henvendelse.

Øjet har bevæget sig videre. Sammenpressede billeder i alt der har fat
i noget som en bevægelse. Vildhedens naturlige område jeg giver en lyd
med lukket mund. En fisk der giver alt fra sig midt i et hav.
Min pludselige begyndelse. En mørk bolig du siger jeg skal bo i for at gøre den
lys. Hundene viser hinanden verdenshistorien på deres kroppe. Den er lige for
som det sted, hvor vi sidder.

Jeg rev havet op.
Mine knogler bliver aldrig
de samme igen.

Away

I'm sitting on a continental shelf
and I have no longer names for seasons.
Odysseus is whining in my house. My world's intoxication.

A wave always breaks. Seriously speaking, everything is sun.
Pushed to its limit, the moment of presence everyone dreams about.
My noisy friends in a room near the sea. Phrases set on formula near a crumpled wall. A circle around the body as a spark. The memory of a wall created in something for itself. I asked for someone to watch my language, and there was not one single inquiry.

The eye has moved on. Compressed images in everything that touches anything in motion. The natural area of wildness I give a sound
with closed mouth. A fish that gives everything from itself in the middle of a sea. My sudden beginning. A dark home you say I should stay in to make it light. The dogs show each other the world history on their bodies. It is simple just like the place where we sit.

I tore up the sea.
My bones will never become
the same again.

Fælles indsats

Jazzen er et rum, men tilhører også et rum. Jeg mener, her stod vi også i går aftes. Fluerne fløj om hjørnet, og jeg åbnede en dør. Blanke træer på et røntgenfotografi. En statue med bind for øjnene. Tilmurede ønsker i et åbent rum. Insektet ændrer retning på glasset overtegnet af tusser. Et scannet hjem, og du trækker mit jeg gennem dit vaklende i et solmønster.

Joint effort

The jazz is a room, but also belongs to a room. I mean, we were here too last night. The flies flew around the corner, and I opened a door. White trees on an X-ray photograph. A statue with blindfolded eyes. Tiled wishes in an open room. The insect changes direction on the glass, which is drawn over by markers. A scanned home, and you pull my identity through yours staggering through the sun's patterns.

Ingenting uden tegn

Du følger muren ud til den ender
i en hvid linje. Bag lyset en retning
indenom byen for at stå i periferi.
Skygger skyller hen over armen
som et træs grene over dig.
En fingers afstand mellem mursten
udgør et bølgende hav uden skibe.
Der skydes til måls mod centrum,
hvor muren bliver til en æske.
Nederst i bunken ligger en tegning
under byens lyde.

Nothing without signs

You follow the wall until it ends
in a white line. Behind the light one direction
within the city to stand in the periphery.
Shadows wash across the arm
like the branches of a tree rush over you.
One finger spacing between bricks
constitutes a rolling sea without ships.
There is an aim towards the centre,
where the wall turns into a box.
A drawing is beneath the sounds of the city
at the bottom of the pile.

Et øjebliks søjle

Du går ind og ud ad døre som om jeg er et menneske, man kun kan elske.
Jeg stiller mig ved siden af åbningen og kigger ind mod væggen
du slår billeder op på med dit blik. I et billede går jeg bagerst,
men i virkeligheden mellem to flokke der glider fra hinanden.
Et spejlbillede der ikke vises her, men et eksotisk sted med smuldret tapet, hvor
folk undrer sig over din pludselige lykke.
Kontinenter er rum i mit hus.
Du stiller op med dit skulpturelle liv ved indgangen. En individuel regn, jeg ser
mig blind på, før den forsvinder.
Sommetider er der så langt mellem bjergene og havet at jeg må stå stille.
Ord før ånde. En lille bevægelse jeg ikke troede var dig i det samme.
Lys der aldrig samler sig som blade på træet der giver sig til kende.
Et blad der falder fra træet ned på mit hjerte. Jeg tør drømme mig selv tilbage.
Et punkt i hånden jeg forlader. I lyset af det sted, hvor jeg gemmer mig,
giver forstaden sig til kende. En enkel fantasi kender aldrig sin næste ven.
Du er en søjle der bærer alting over dit hoved.
Jeg tager alt til mig som verden rummer.
Alt det som hjemstavnstræer tilfører lysets imødekommenhed.
Jeg står ved et søjlehoved et antikt sted, og ser på det
som var det et sammenkrøllet spejl. Jeg drikker te ved sokkel.

A pillar of the moment

You walk in and out of doors, as if I were a man you could do nothing but love.
I stand next to the opening and I look towards the wall,
on which you hang up pictures with your gaze. In one of the pictures
I walk behind, but in reality I walk between two flocks that slide apart.
A reflection which is not shown here, but at an exotic place with crumpled
wallpaper, where people wonder about your sudden happiness.
Continents are rooms in my house.
You appear with your sculptural life at the entrance. An individual rain, in
which I get lost, before it disappears. Sometimes the distance between the
mountains and the sea is so wide that I'll have to stand still. Words before
breath. At once a tiny movement I didn't realize came from you. Light which
never gathers as leaves on a tree which reveals itself.
A leaf which falls from a tree onto my heart. I dare dream myself back.
One point in the hand I leave. In the light of the place, where I hide,
the suburb reveals itself. A simple fantasy never knows its next friend.
You are a pillar carrying everything above your head.
I take in everything that the world holds.
Everything which native trees bring to the kindness of
light. I stand at an antique place by a capital and look at it
as if it were a crumpled mirror. I drink tea at the base of the pillar.

Usete sandheder

Jeg ligner mig selv i et brev. Et lokale skifter identitet.
Du glider forbi mit vindue langs en kyststrækning.
Afsidesliggende hjerterum og fuglene skygger
for tanken.
Solnedgangens huse omfavner hinanden.
Min gades port i uendeligt svar.
Det er midt i muren,
at jeg finder en åbning til årstiderne.

Unseen truths

I look like myself in a letter. A location is changing identity.
You slide past my window along a coastline.
A heart faraway and the birds shadow
for the thought.
The houses of the sunset embrace each other.
My street's gate in infinite answer.
It's in the middle of the wall,
that I find an opening to the seasons.

Håbets afstand

Altid langt fra hinanden er stemmerne uden by
en ø før jeg vågner som en strækning. En dråbe
der regner med at falde. En blind farve i et lyn.
Stormens stedfortræder. Blomstens blade der
rejser sig mod halsen for at falde mod knæet.
Mine råb uden sommer er ikke vin.

Distance of hope

Always far apart, the voices are out of town.
An island before I wake up like a stretch. A drop
which expects to fall. A blind colour in a lightning.
The deputy of the storm. Leaves of the flower which
rise to the neck to fall against the knee.
My cry without summer is not wine.

Billedernes åndedræt

Den gående overfor
broen i
min udsigt.
Jeg afslutter mine
hændelser. Nu er
uret begyndt
at minde floden
om den gåendes
stilstand.
Vandet skubber
på
for at blive
til et
nu.
Uvejret er min mystik.
Alt opstår som en vigtighed.
Dyrenes kontakt.
En solsort stiller sig uden at synge ind foran mig.
Knæets skrift før floden, hvor statuen ligger ned.
Over det antikke teater svæver en drone
i en betragtning af tribuner.

The breath of the pictures

The walking opposite
the bridge in
my view.
I finish my
incidents. Now
the clock has started
to remind the river
about the stagnation
of the walking.
The water pushes
along to be
a moment
right now.
The storm is my mystery.
Everything is important.
The animals´ contact.
A blackbird stands just in front of me
without singing. The knee´s writing before the river,
where the statue is lying down.
Over the antique theatre flies a drone
in the observation of the rows of seats.

Orfeus

Min tyngdekraft er ikke, hvad den har været,
når jeg ser mig selv som en skiftende årstid.
Det blinde punkt når jeg taler.
Jeg vender mig om som et kvadrat i luften,
hvis smuldrende hjørner op ad et gitter
er befriet fornuft.
En bevægelse om en rædsel.
En rest af et fald før det bliver til genopstigning.
Et rum der endnu ikke er blevet til.
Jeg træder op ad bakken mod det nærmeste
væsen, hvor det sidste århundrede viser vej
som en udslidt pil på asfalten mellem husene.

Orpheus

My gravity is not what it has been,
when I see myself as a changing season.
The blind spot when I speak.
I turn around like a square in the air,
whose crumbling corners up a grid
is freed from sense.
A movement around horror.
Something will fall before it will emerge again.
A room not yet created.
I step up the hill towards the nearest
being, where the last century shows the way
like a worn arrow on the asphalt between the houses.

Gadens forsvar

Vi følger dig gennem menneskemængden.
Veje krydses utallige gange i dit sind.
Du går videre.
Anonymt ansigt er ikke en fejlagtig skæbne.
En vibrerende tildækning af dit syn.
Du går videre.
Din tilstand vejes i vægtskåle.
Du vandrer blindt i den rette tro.
Du går videre.
Blinkende bjælker dækker dit udsyn.
Ingen kan skelne dig fra den seende.
Du går videre.
Øjet ligger øde hen.
I den retning må du gå.
Du går videre.
Du bliver genkendt
fra den anden side af gaden.
Visualitet uden identitet.
Du går videre.
Jeg træder ud på gaden.

Defence of the street

We follow you through the crowd.
Roads are crossed countless times in your mind.
You move on.
Anonymous face is not an erroneous destiny.
A vibrating covering of your vision.
You move on.
Your condition is weighed in weighing scales.
You walk blindly in the right faith.
You move on.
Blinking beams cover your view.
Nobody can distinguish you from the seeing.
You move on.
The eye is deserted.
In that direction you must go.
You move on.
You will be recognized
from the other side of the street.
Visuality without identity.
You move on.
I step into the street.

Modets fuge

Du må se for at blikket kan
eksistere, når man er en parade i vejret.
For neden er planten vild, og de grønne
blade hæver sig over min barndom.

Du kan række det der var
hen i mod det rette moment.

Vi må lade det passere som øjeblikket i går
og se op over os selv. Jeg ser ud mellem træerne.
Endnu et lag i dig blandt sivene. Ingen af os
er synlige for andre end dem der påstår,
at det over os er sværte.

Tanken er lige ud for mig i den rene form.
Visualiseret er der intet andet at opnå
end de gyldne gader.

Du kan strække din afstand
hen mod det næste punkt.

Realiseret som et civiliseret menneske.
Dit næste skridt er hvidt.

The courage of the junction

You have to see in order for the eyes
to exist, when you are a parade in the air.
Below, the plant is wild and the green
leaves rise over my childhood.

You can reach out with what you had
towards the right time.

We must let it pass like the moment of yesterday
and look up and beyond ourselves. I look out
between the trees. Yet another depth in you
among the rushes. None of us are visible to anyone
except those claiming that what's over us is ink.

The thought is right in front of me in its pure form.
Visualized, there is nothing else to achieve
than the golden streets.

You can stretch your distance
towards the next point.

Realized as a civilized person.
Your next step is white.

Knast

Jeg træder gennem byen
som en gnist
fra en tændstik.
Rødglødende murbrok.
Asfalten er humørfuld
som en gåde.
Jeg drømmer at jeg aldrig
skal møde nogen
forpustet som et hjerte ud af byen.
Du er med, og du suger alt til dig
i en forsvunden skov,
hvor fællesskabet er uden sprog.
Palmer ved en hvid gavl, hvor en
rest af farver øverst oppe
løber ned fra himlen.

Knot

I step through the city
like a spark
from a match.
Red glowing rubble.
The asphalt is moody
like a riddle.
I dream that I'll never
meet someone
out of breath like a heart out of town.
You are with me, and you absorb everything
in a lost forest,
where the community is without language.
Palm trees by a white gable, where
remnants of colours at the top
are running down from the sky.

* * *

Du bærer mig.
Jeg bærer noget andet
som var regnvejret vores indgang.
Når vi mødes slår vi paraplyer op indendørs.

* * *

You carry me.
I carry something else
as if the rain was our entrance.
When we meet, we open umbrellas indoors.

Opfyldt

Barnet rummer hemmeligheder,
du aldrig vil kunne forløse i nat,
hvor månens fejl er ar på din hud.
Borgen pakket ind i stilladser.

Fulfilled

The child holds secrets tonight
you'll never be able to release.
Defects of the moon are scars on your skin.
The citadel surrounded by scaffoldings.

Grunden

Byen er regnvåd uden at man lægger mærke til det. Uden huse tænker jeg ikke på husene men på friheden som bliver større for hvert år der går. Jeg går på grunden og prøver at finde ind til kernen af stormen, og hvor den fortæller om skjulte fotografier i vandpytter. Rusten er rolig som den falder fra bliktaget, og dyrene må løbe langs skoven for at hjemmet består. Mønten ligger på bordet i traktorspor, og jeg må lige ringe. De sidste minutter sammen skal vi bruge før tiden går uden at se os tilbage. Der står en lille pige iført skørt og læner sig sammen med sin bamse op ad et metalrør. En hund går frem og tilbage mellem hende og et skur. Granerne læner sig ind over grunden, og stoffet glider i lyset. Bagved grunden er et vandfald du kan gå bagom. Sangfuglen falder op og ned i luften. Det er næppe vandets moderne hjerte der slider stenene væk. Englen forsvinder så hurtigt, at jeg bliver nødt til at vende mig om før floden løber tør for vand. Mine skridt i naturen. Solens skjulte tegn.

The ground

The city is wet and no one notices.
Without houses I do not think about houses,
but about the freedom which increases for each year to come.
I walk on the ground and try to get to the heart
of the storm, and where it talks
about hidden photographs in puddles.
The rust is calm as it falls from the tin roof
and the animals have to run along the forest
for the home to remain. The coin is on the table
in tractor tracks, and I make a call. We need to spend
the last minutes together before time runs out
without looking back. A little girl wearing a skirt
leans with her teddy bear up against a metal pipe.
A dog walks back and forth between her and a shed.
The spruces lean over the ground. The fabric glides in the light.
Behind the ground there is a waterfall you can go behind.
The songbird falls into the air. It is hardly the modern heart
of the water that wears the stones away. The angel disappears
so fast that I have to turn around before the river runs out of water.
My steps in nature. Hidden signs of the sun.

Som sommer som sommer

Jeg cykler mit jeg tilpas lykkelig
til at kunne flå ordet op,
som jægeren gør
med haren.
Det helt fantastiske
i at kunne mærke sig selv
for enden af fingrene.
Udenfor hospital
i kontinentets store hovedstad
forventer jeg kunst, og det får jeg
på den anden side af træerne.
Der er øjeblikke
nok til alle,
når blot
verden er i bevægelse.
Jeg taler for at falde
på kanten af tiden
som en drivkraft.
Årstiderne
må indrette
sig efter mig
eller naturens
selvvalgte nationale
tilhørsforhold.
Nu ryster jeg skoven
som verdens halvdel,
og hjertet falder fra stammen.

Some summer some summer

I'm biking until I am sufficiently happy
to rip up the word
like the hunter rips up
the hare.
The wonder of being able to feel myself
at the end of my fingers.
Outside the hospital
in the great capital of the continent
I expect art, and I find that
on the other side of the trees.
There are moments
enough for everyone
as long as
the world is in motion.
I talk about falling
at the edge of time
as a driving force.
The seasons
must conform
to me or to nationality
chosen by nature itself.
Now I'm shaking the forest
like half of the world
and the heart falls from the trunk.

Mit halve liv afgør kroppen

Det kan godt være jeg sidder i hjørnet
uden at kunne se dig som sidder bag mig.
Væg jeg brænder af i min skygge.
Bjerget af sten er ridset ind i min pande.

Planeterne flyder under overfladen,
og hvad kan man gøre?
Træets påfugleøjne giver lyset klar besked.
Jeg mister ikke træet, når et blad forsvinder
langt ind i verdensrummet som en satellit.

My half life determines the body

I might sit in the corner
without being able to see you
behind me. A wall I burn off in my shadow.
A mountain of stone is scratched into my forehead.

The planets float beneath the surface,
and what can be done? Peacock eyes
of the tree gives the light a clear message.
I don't lose the tree when a leaf disappears
far into space like a satellite.

Tyndt spejl i vinden

Bussen går i stå på vej op ad stigningen
og triller langsomt ned ad bjerget.
Vi ville nå toppen, men glider længere ned.
Alle vil ud og følge vejen op.
Et glas vand
drikkes ved buskadset
der gror vildt. Det var ikke det frø i hånden jeg ville plante,
men gør det alligevel.
Med et trylleslag forbinder du mig med noget andet.
Solens stråler når havbunden.
Et isbjerg der smelter under vandoverfladen.
Svalen flyver gennem papiret.
Stjerner lyser på bagsiden.
Hændernes manglende håndskrift.
En åben bjergside og et ekko
er farvepalettens spørgsmål.
Mod toppen ser vi os selv gengivet
i billedets skiftende overflade.
Ingen når frem uden at kende det tynde spejl i vinden.

Thin mirror in the wind

The bus comes to a standstill on its way up the hill
and slowly rolls down the mountain.
We would reach the top but slide further down.
Everyone wants to get out and follow the road.
A glass of water
is being drunk at the bush
that grows wild. It was not the seed in my hand that I would plant,
but I do it anyway.
With magic you connect me with something else.
The sun's rays reach the seabed.
An iceberg that melts below the water surface.
The swallow flies through the paper.
Stars light up the backside.
My hands are devoid of handwriting.
An open mountain side and an echo
are the colour palette's questions.
Against the top we see ourselves reproduced
in the changing surface of the image.
No one arrives without knowing the thin mirror in the wind.

For enden er der en anden sti

Det er en særlig kraft der skal til,
når en tyr skal trækkes gennem labyrinten,
men denne dag er også noget specielt.
Persiennerne rulles op på alle glasvægge,
hvor linjer folder sig langsomt ud som palmeblade
eller søstjerner. Der gives plads til lyset, og vi bliver synlige
for hinanden som vi bevæger os på forskellige stier.
Vi stopper op med det vi bakser med,
og vi holder det op for hinanden.
Ingen blodige spor og intet dyr
at finde. En menneskekrop
med tyrehoved finder
straks et nyt skjul.
Jeg så noget bevæge
sig. En farve der havde
bevæget sig ind i et
andet billede.

At the end there is another path

A special force is needed,
when a bull is to be pulled through the maze,
but this day is also something special.
The blinds are rolled up on all glass walls,
where lines slowly fold out like palm leaves
or starfish. The light is given space, and we become visible
for each other as we move on different paths.
We stop what we are struggling with,
and we show it to each other.
No bloody traces and no animals
to find. A human body
with a bulls head finds
immediately a new shed.
I saw something moving.
A colour that had
moved into another
picture.

Min sandalfod

Dybt inde i junglen foretages en operation
i forbedring af indsigten. Det læser jeg på en plakat
slået op i et egetræ.
Planten har forladt blomsterkrukken, min fod skubber til.
Cigaretskodder vælter ud, og jeg fornemmer røgen
som tilintetgjort lys. Hver enkel lille del som glasskår
jeg ikke vil træde på. Balloner skubbet til side i en koncert
der bliver ved. Trafikanters usikre tilstand i mørket
på en åben plads. Det er min lille del af verden
der elektrisk udvider sig. Jeg troede et øjeblik,
at broen ville blive kortere, hvis jeg blev ved med
at undgå den. Din feber har du lagt fra dig
langt ude i landskabet, hvor jeg troede, at jeg ikke kunne genkende dig.
Fire badegæster der efterlader en åben militærjeep på en smal sti i
skoven
for at læse indgraverede navne i et træ op for hinanden.
Du vender tilbage i en stiplet linje i 39 grader af en forståelse.
Slyngplanter ved en flod, hvor selv ord gror vildt i en sætning.
Du taler om din bys tre floder. Du er et væsentligt indtryk.

My sandal foot

Deep inside the jungle an operation
is improving the insight. I am reading this from a poster,
which has been placed on an oak tree.
The plant has left the flower jar, which is pushed to by my foot.
Cigarette butts fall out, and I sense the smoke
like annihilated light. Every single small piece like broken glass
I will not step upon. Balloons pushed aside at a concert
which keeps going. Unsafe conditions for the road users
in the darkness of the plaza. It's my little part of the world
which expands electrically. I thought for a moment,
that the bridge would be shorter if I continued
to avoid it. The fever has left you far out in the landscape
where I thought I could not recognize you.
Four bathers leaving an open Jeep on a narrow path in the woods.
They read up engraved names in a tree for each other.
You return in a dotted line with 39 degrees of understanding.
Climbing plants by a river, where even words grow wild in a sentence.
You are talking about the three rivers of your city. You are a significant
impression.

Minimal diktat

En dåseåbner
fjerner låget til logik. Nu er det nok.
En murs fjernede vinduer.

Mit hemmelige blik mod byens kant
cirkulerer som afbrudthed
i en forladt park.

Jeg vil gerne snakke
om mit fravær som en forskelligartet skov,
hvor der trods alt er birketræer.

Jeg får en solnedgang kastet i nakken.

Du kan da godt kalde mig natur.

Minimal dictation

A can opener
removes the lid to logic. That's enough for now.
A wall's removed windows.

My secret gaze towards the city's edge
circulates as interruptions
in an abandoned park.

I would like to talk
about my absence as a diverse forest
where there are, after all, birch trees.

I get a sunset thrown at the back of my head.

You may call me nature.

Hestemåne

Tvunget gennem skoven
uden vinger ligger det stille
navn i munden på en fremmed,
der vågner med en kystlinje tegnet
op I lommen. Grænsen er et påfund på papiret.

Horse Moon

Forced through the woods
without wings lies the quiet
name in the mouth of a stranger
who wakes up with a shoreline sketched
in his pocket. The border is an idea on paper.

Selvom træerne er fældet

I dit løb mellem lygtepæle på en sti
opsøgte jeg dig, og det var ikke tale
du gav mig, men friheden til at ligge
på en mark og kigge på bjergene
bag mine hullede sko.

Though the trees have fallen

You ran between lampposts on a path,
when I sought you out. You did not give
me words but gave me the freedom
to lie in a field and look at the mountains
behind my worn out shoes.

Til siden stirres der ned

Skoene tages af midt i samtalen. Små fiskestimer
i vandkanten ingen ønsker at træde på.
Du spørger om vej, og bussen er et tomt akvarie.
Langs vejen venter alle på at blive samlet op
i mørket. Vi skriger om kap så længe vi er børn.
Revnen i flisen slynger sig som et snørebånd

Stare down to the side

The shoes are removed in the middle of the conversation.
Small fish shoals at the shoreline no one wants to step on.
You ask for directions, and the bus is an empty aquarium.
Along the road everyone is waiting to be picked up in the dark.
As long as we are children we try to scream the highest.
The crack in the pavement is winding like a shoelace.

Et barn græder

Et barn græder på havnen,
og her før det lysner, må
savnet gøres op som en kyst
containerskibet tager afsked
med, når en kvinde kysser
en måge, og husene står
blottede tilbage.

En drømmer køber mælk,
uden at vide, hvor han
bevæger sig hen.

A child is crying

A child is crying at the harbour
and now before daybreak
we must bring an end to the longing,
like a container ship leaving the coast
as a woman kisses a seagull,
and the houses are exposed.

A dreamer buys milk
not knowing, where he
is going.

Panorama på langs

Han rejser sig og stiller sig ved vinduet.
Lysets striber ned i en hånd. Et dyrs kranie liggende
i daggry. I regnens lysthus ved en åben dør ser hun ham
stå. To mennesker vågner i forlængelse af hinanden,
mens de kigger ud gennem strandens klitter.

Along the panorama

He gets up to stand by the window.
Streak of light in one hand. Skull of an animal lying
at daybreak. At the summerhouse of rain she sees him standing
by an open door. Two people wake up one after another,
while they look between the sand dunes of the beach.

Væggenes sang

Nogen må kende lokalet før andre kommer til.
Om der i det hele taget er nogen må denne studere
kroppens anatomi. Indtage måltider i tidløs
præcision. Lægge alt fra sig, når den næste
kommer ind. Et lyst gardin skjuler stilladset
der dækker vinduesrækken.

Song of walls

Someone must know the room before others enter.
If that one is someone at all, this one has to study
the anatomy of the body. Consume meals in timeless
precision. Put everything aside, when the next
comes in. A bright curtain hides the scaffolding
covering the row of windows.

Svævende tæpper

Hver lyd har sit årtusinde
den kan lægge baggrund til.
Der er ikke den besked
der ikke når frem,
selv når lynet blegner
i sit eget vanvid.
Det er først nu,
jeg bliver klar over,
at hele tiden
har vi været de samme.
Træet skrives ned som knæ
i ubøjeligt samfund.
Du bliver stående
i lyset uden en holdning,
og naboen der har det dårligt
går stille rundt og pakker sine ting
uden at sige noget.
Vi får aldrig talt med hinanden,
men de opmalede farver
på grenene fortæller alt.
Himlen skruer op og ned for sig selv.

Gliding blankets

Every sound has its own millennium
to which it creates a background.
There is not that message
that doesn't get through,
even when the lightning fades
in its own madness.
Not until now
do I realize
that we have been the same
all the time.
The tree is written down as a knee
in an inflexible society.
You remain standing,
in the light without a pose,
and the neighbour who feels bad
goes quietly around and packs his stuff
without saying anything.
We never get to talk to each other,
but the repainted colours
on the branches tell everything.
The sky switches on and off.

Vilde svaner

Samfundet leger med sorgen.
Ingen har den mening.
Bladene leger med vinden.
Tabet af samfund som sorg uden himmel.
Jeg begræder måske ikke tabet.
Bladene fyger væk langs jorden.
Samfund leger med samfund
i vinden fra en ven.
En cirkel af blade opstår på ny.
Sorgen er ærlig
og begræder ikke tabet.
Sorgen er samfund.

Wild swans

Society plays with grief.
Nobody has that opinion.
The leaves play with the wind.
The loss of society as a grief without sky.
I may not mourn the loss.
The leaves fly away along the ground.
Society plays with society
in the wind from a friend.
A circle of leaves reappears.
The grief is honest
and does not mourn the loss.
Grief is society.

Vi ville

Vi ville have en anden duft end rosens.
En der forbandt bilerne dybere
end mellem torne
og kronblade.
En feber
mere blank
end kontinentet
som en frossen sø
ingen vil skøjte på.
Hinanden
i et forsinket
bryllupsoptog
på kanten af en farve.
Vi ville hosten som en provokation.

We wanted

We wanted something else than the scent of roses.
Something that connected the cars deeper
than between thorns
and petals.
A fever
brighter
than the continent.
A frozen lake
no one wants to skate on.
Each other
in a delayed
wedding procession
on the edge of a colour.
We wanted the cough as a provocation.

Sprogets krog

Jeg lægger
mig ind i en
opblomstring.
Ryggen er en sky.
Lokalet er revet op.
Stormen
er hele tiden
i baggrunden,
som folk der
ikke tør
træde ind i hinandens rum.
Især når alt skifter, ser verden
anderledes ud. Grumsede masker
ingen vil bære. Vinden kopierer
sig selv. Jeg mærker skridt
på jorden
uden
at de er i et
med menneskene.
Grantræernes fjerne længsel.

The hook of language

I place
myself in
something flourishing.
My back is a cloud.
The room has been torn up.
All the time the storm
is in the background,
as people who
do not dare to
step into each other's space.
Especially when everything changes, the world
seems different. Muddy masks
no one wants to wear. The wind is copying
itself. I sense steps
on the earth
without
them being one
with the people.
The distant longing of the spruce trees.

Tilfredsstillelse ved irettesættelse af stof

Døren er nænsom. Vi går mod det samme hushjørne,
men vi mødes aldrig. En stjerne over havet finder sig
i alt. Hele verden er mit mørke denne morgen, hvor
det der i det hele taget findes siger jorden brænder.
Min sarte nerve vender sig i kødet. Hele tiden blomstrer
sjælen som en mark i bevægelse. Ude i tiden er selv
den mindste knast det største træ i en sky der bevæger
sig. Det er lige nu, at ingen har et svagt punkt. Alt jeg
finder er moderne.

Satisfaction with reprimanding substance

The door is gentle. We walk towards the same corner of the house,
but we never meet. A star above the sea tolerates everything.
The whole world is my darkness this morning, where everything
that exists says that the earth burns. My delicate nerve
turns in the flesh. All the time the soul is blooming as a field in motion.
In time even the smallest knot is the largest tree in a moving cloud.
It is right now that no one has a weak point. All I find is modern.

Skrabet himmel

Hver dag begynder
som en stilk der ikke ved
hvor blomsten er.
Jeg tilser sårenes samfund,
og det er ikke min krop.
Mine drømme flyver
efter dig.

Scraped sky

Each day begins
as a stem not knowing
where the flower is.
I tend to the society of wounds
and it is not my body.
My dreams fly
after you.

Konstruktionens støj

Vi kan ikke
ryste træerne af os.

Træerne
kan ikke selv
ryste noget af sig.

I det hele taget vibrerer
grunden mere end vi kunne ønske.

Digtet er ikke en sokkel.

Vi er ikke huse.

The noise of the construction

We cannot
shake off the trees.

The trees
them selves cannot
shake off anything.

Everything considered the ground vibrates
more than we would wish for.

The poem is not a pedestal.

We are not houses.

Silketræ

Lad os
følges langs
betonmuren
i en blød sætning.

Måske sidde i parken,
hvor de blivende mosaiksten
udgør dele af et motiv.

Før du sætter dig
pluk lige en blomst.

Frakken trækkes
hen over højhuset
i en bevægelse
mod sommer.

Oceanets utålmodige
forbindelser.

Silk tree

Let us walk
together along
a concrete wall
in a soft phrase.

Maybe sit in the park
where the remaining mosaics
form parts of a motif.

Before you sit down
just pick a flower.

The coat pulled
over the high-rise
in a motion
towards summer.

The impatient connections
of the ocean.

Sjældent til stede

Tårnet står ud til gaden.
Det har fået fri luft.
Det er mit nu
uden sammenligning i et alibi.
Vi besøger de rislende solnedgange
i fuld fart. Jeg glider gennem territorium.
En nuance af kanter i forlængelse af hinanden.
Noget nyt dukker op uden høst.
Mit underliggende røde lys i gaderne.
Ingen kunne sænke farten, men vi fandt
en udvej. Jeg har sået et stop i trafikken
i den fine attitude uden tiltaleform.
Ingen af mine venner gror så langsomt
som du op ad muren
i en farve
der følger med.

Rarely present

The tower faces the street.
Free as air.
It is my moment
without comparison in an alibi.
We visit the sparkling sunsets
at full speed. I glide through territory.
A shade of edges in extension of each other.
Something new emerges without harvest.
My underlying red light in the streets.
No one could slow down, but we found
a way out. I have sown a stop in the traffic
by means of a delicate attitude without formal address.
None of my friends are growing so slowly
as you up the wall
in a colour
accompanying.

Hvilende krav

Solen er min skulder der ligger under for verden. Jeg møder gerne op som dit fravær. Månen er min skulder der dukker op skinnende som silke i mine ord der efterlades på græsset ved dig.

Resting requirements

The sun is my shoulder that lies beneath the world.
I willingly appear in your absence. The moon is my
shoulder coming into sight shining like silk in my
words left on the grass beside you.

Åndedræt fra kyst til kyst

Duen er så tung at træet hænger ind over mig,
og den lader træets blade glide ned mod solen
i forgrunden. En anden due lander på en anden
gren, og jeg står for enden af landet. Jeg er en
menneskemængde
der hvisker mine bekendtskaber
ind mod et sted,
hvor en andens intention opstår,
mens en due flyver op.
Tavshedens voksende græs
i det skarpe lys.
Træet kan ikke
følge med.
Vi er
et budskab.

Breath from coast to coast

The dove is so heavy that the tree lowers over me.
The dove lets the leaves of the tree slide down towards the sun
in the foreground. Another dove lands on another
branch, and I stand at the end of the land. I am a
crowd of people
who whispers my acquaintances
towards a place,
where somebody else's intention arises,
while a pigeon flies up.
The growing grass of silence
in the bright light.
The tree cannot
follow.
We are
a message.

Dovne linjer

Murstenene
bliver hvor de er.
Hunden hviler
i en andens søvn.
Jeg ser hjørner i skyerne
og en gå rundt om sig selv.
Huset blev bygget på en nat.

Det er ikke det, at du er færdig.
Det er ikke det, at du går.

Solsystemets nye nervebaner
bag øjenlåg.
Jeg lukker guldkisten
op, og mærker kulden.
Vi taler det
samme sprog uanset hvor vi er.
Jeg er i dagens anledning til stede
i mit hjem.

Lazy lines

The bricks
remain where they are.
The dog is resting
in somebody else's sleep.
I see corners in the clouds
and someone walking around in circles.
The house was built in one night.

It is not the fact that you have finished.
It is not the fact that you leave.

The new neural pathways of the solar system
behind eyelids.
I open the gold chest,
and feel the cold.
We speak the
same language no matter where we are.
For that occasion I am present
in my home today.

Tom by

Jeg har ikke set den person der udgør farven
for den visne gade, jeg ikke længere kan gå ned ad.
Kun stemmen er tilbage som den høres i en gammel sang,
der får hunden til at hyle. Jeg kan ikke gå mod sangen,
fordi søvnens årstid er nået frem. Det er ikke natten
der får os til at hvile, men et sted der samler
på de inderste tanker. Inde i mig selv
et andet væsen.
En stille bevægelse
på den anden side
af den virkelighed
jeg forlod.
Jeg er
knap nok født,
så langt væk hjemmefra.

Empty city

I have not seen the person who presents the colour
of the withered street, which I can no longer walk down.
Only the voice is left as it is heard in an old song,
which makes the dog howl. I cannot walk towards the song,
because the season of sleep has arrived. It is not the night
that makes us rest, but a place which gathers
the innermost thoughts. Inside myself
another being.
A silent movement
at the other side
of that reality
I left.
I am
barely born,
so far away from home.

19.03.2020

Tyngden af et glimt

Et dyr i buskadset lukker alle æsker efter sig.
Lyden af metal. Øjenkontakt. Hver gang et smæld.

Et blad der giver sig i afvikling af et menneskes gå-skridt.

Det egentlige fundament
er den måde digte flytter sig for hinanden.
En kanal der former skyerne.

Våde smæld der ikke tilhører lyden af mit hjerte.

Jeg ønsker ikke at forstyrre flagspætten yderligere.
Den er allerede fløjet videre.
Mit åndedræt.

Jeg praler ikke med planeter.
Naturen går i stå.

19.03.2020

The weight of a glimpse

An animal in the bush closes all the boxes.
The sound of metal. Eye contact. Every time a click.

A leaf that gives way to the step of a human.

The real foundation
is the way poems make way for each other.
A canal that shapes the clouds.

Hard drops that do not belong to the sound of my heart.

I do not want to disturb the spotted woodpecker any further.
It has already flown.
My breath.

I do not brag about planets.
The nature comes to a dead stop.

26.04.2020

Absolut enighed

Jeg går ned til floden
for at besøge populærkulturens vugge.
Alt driver væk
uden at ændre ved ordene,
der kom fra flodmundingen.
Grene stikker ud i rislende vand. Sprog dør aldrig i armene på en farve.
Skygger uden hensigt driver i usagt mørke.
Jeg bærer fuglene gennem et helt liv som min rygrad.
Vinduer er kapital.
Det er ikke det, der får verden til at bevæge sig.
At internettet er et kirsebærtræ, er usammenligneligt.
Vinduet er forsvundet, og det er alt andet
på grunden i øvrigt også.
Noget levende bliver slæbt med,
men intet kommer fra det, der var indeni.
Lykken falder en ind, hvor alle gemmer sig.
Det regner i sig selv til alle sider.
Støvet tændes, når det regner.
Noget gror rundt om den person,
hvis tanker samfundet får sin beskrevne tilstand fra.
Man må smide alt, hvad man har i hænderne.

26.04.2020

Absolute agreement

I am going down to the river
to visit the cradle of popular culture.
Everything drifts away
without changing the words
that came from the estuary.
Branches stick out in purling water.
Language never dies in the arms of a colour.
Shadows drift unintentionally in unspoken darkness.
I carry the birds through a lifetime as my backbone.
Windows are capital.
This is not what makes the world move.
That the internet is a cherry tree is incommensurable.
The window has disappeared, as well as everything else
on the ground by the way.
Something living is being dragged along,
but nothing comes from what was inside.
Happiness occurs where everyone hides.
In itself it rains to all sides.
The dust is lit when it rains.
Something grows around the person,
from who's thoughts society gets its described condition.
You have to let go of everything you carry in your hands.

Stilhedens afstand

Jeg har ikke ord for gaderne,
der med mellemrum
giver lyd fra sig.

Denne tid
toner frem
som var det
den mest ensomme tid.

Denne tavshed har jeg oplevet før,
og den er nu min hverdag.

Jeg har aldrig hilst på nogen,
når en anden løber gennem mig.
Jeg må lytte, men det er
i virkeligheden ikke mig du taler til.

Byen har tabt sin puls,
og jeg bærer den varsomt.
Døråbningen i mine hænder står på hæld.
En æske fuld af liv,
hvor børnene
holder fast
i deres nære bånd.

Du stiller dig ind foran mig
med den største selvfølgelighed.

The distance of silence

I have no words for the streets
which from time to time
make a sound.

This period of time
emerges
as it were the most lonely of times.

This silence I have experienced before
and this is my everyday life now.

I have never greeted anyone,
when someone else runs through me.
I may listen, but in reality
I am not the one you speak to.

The city has lost its pulse,
and I wear it gently.
The leaning doorway in my hands.
A box full of life
where the children
hold on to their close ties.

You place yourself in front of me
as a matter of course.

Det sidste menneske

Du må gerne blive her,
og du må gerne sige mere.
Der er ingen grund
til at vende sig om
for at spejle ingenting.
Det er ikke landskabet
eller temperaturforskelle
der holder dig inde
Døren lukker af sig selv,
fordi nogen trækker vejret
gennem huset.
Demonstrationen er et hanegal
i en tom institution, men alligevel
fornemmer vi mødet.
Den folkemængde vi aldrig så som en mulighed
går nu stille i tomme gader
Her er der intet at give efter for.
Jeg tror alle har en ide om,
at hønsegården er en konkurrencestat,
når hegnet er det først sansede.
De gitre rummet hviler sig op ad.
Afmonteret monstrum, udbrændt motor,
slukkede instrumenter og efterladte faner.
Alt er besøgt af orme.
Derfor står det sidste menneske
vi møder foran byen som var det en busk.
Et skafot af grene der løfter en maske.

The last human being

You are welcome to stay here
and you may like to say more.
There is no reason
to turn around
to mirror nothing.
It is not the landscape
of temperature differences
that keeps you inside.
The door closes by itself,
because someone is breathing
through the house.
The demonstration is a cockcrow
in an empty institution, but still
we sense the meeting.
The crowd of people we never saw as an opportunity
now walks quietly in empty streets.
Here there is nothing to give in to.
I think everyone has an idea,
that the hen farm is a competitive state,
when the fence is the first sensed.
Those grids which the room leans up against.
A disassembled monstrosity, a burned out engine,
turned off instruments and left banners.
Everything is visited by worms.
That is why the last human being we meet
stands in front of the city as if he were a bush.
A scaffold of branches lifting a mask.

Indhak

Stilladset rundt om bygningen
skjuler verden, hvor alle bevæger sig.
De tomme gaders fagot.
Stilladset er ikke et skafot
for andet end vores drømme.
Jeg lukker øjnene
for ikke at se instrumentet.
Et sted ude af sig selv.
Altaner opstår
hen over tid, hvor fuglene befinder sig
i samme træ.
Knækkede grene i rislende fred,
og ingen ved hvad en katastrofe er.
Verden er et vindue
på afstand af samfundet
langt væk fra en sang.
Træer på altaner blomstrer ud mod en park.
Jeg tegnede dine ord, og nu tegner du min jord.
Alle søger en verden som en retning i sig selv.

Notch

Scaffolding around the building
hides the world where everyone moves.
The bassoon of the empty streets.
The scaffolding is not gallows
for anything else than our dreams.
I close my eyes
to avoid seeing the instrument.
A place out of itself.
Balconies emerge
over time, where the birds are located
in the same tree.
Broken branches in running peace,
and no one knows what a disaster is.
The world is a window
away from the society
far away from a song.
Trees on balconies bloom towards a park.
I drew your words, and now you are drawing my earth.
Everyone is looking for a world as a direction in itself.

Rummets glød

Alle troede de levede
i afstand til hinanden,
hvor hegnet midt i landskabet
var den eneste begrænsning.
Det var godt at se,
at du kunne bevæge dig
ind i mellem det hele.
De bygger i nabolaget.
Lige foran grunden,
så jeg pludselig
en proces
uden fuldførelse.
En religiøs handling.
Ingen ende på det.
Noget må være logik,
og det må tilhøre
den nedtonede flamme.
Når jeg besøger
den lovgivende magt,
taler denne
om sin egen bolig
som en labyrint.
Når vi fører alt frem,
er der liv at følge.

The glow of the room

Everyone thought they were living
at a distance of each other, from
where the fence in the middle of the landscape
was the only limitation.
It was good to see,
that you could move
between it all.
They build in the neighbourhood.
Right in front of the ground,
I suddenly saw a process
without completion.
A religious act.
No end to it.
Something must be logic,
and it must belong to the dimmed flame.
When I visit the legislative power,
it speaks about its own residence
as a maze.
When we bring everything forward
there is life to be followed.

Smadret fantasi

Jeg begræder tabet af alle de døde
i min kærlighed til dig.
Alle dem der i en inficeret verden forsvinder.
Himlen er i dag fuld af lyde.
Et vindue åbnes.
Du træder dine første skridt.
Samfundet tager sig af dig,
og sådan kæmper det for dit liv.
Vi er de identiske fremmede.
Et bord dækkes op under et træ.
Vi mødes forsigtigt til et selskab i haven.
Vi anerkender forskelligheder tæt op af os selv.
Vi sidder stille ved siden af hinanden
som timerne glider bort.
I sandkassen sidder et barn, tror jeg ved første øjekast,
men det er udelukkende overtøjet fra fødselsdagsbarnet,
der sidder oprejst tilbage med et flag.
Forældre holder deres børn ind til sig.
Legepladsen må endnu ikke benyttes,
da den endnu ikke er færdig.
Et lukket område.

Broken fantasy

I mourn the loss of all the dead
in my love for you.
All those who disappear in an infected world.
The sky today is full of sounds.
A window opens.
You are taking your first steps.
Society takes care of you,
and that it is how it fights for your life.
We are the identical strangers.
A table is set outdoors.
We meet gently for a party in the garden.
We recognize differences similar to ourselves.
We sit quietly next to each other
as the hours slip away.
In the sandbox sits a child, I think at first glance,
but it is exclusively the outerwear of the birthday child.
Parents keep their children to themselves.
The playground must not yet be used,
as it is not yet finished.
A closed area.

Den frihedsskabende udsigt

Det er ikke musikken i dine øjne
der venter på at noget skal passere forbi.
Jeg henvender mig til en anden side,
end hvor stjernerne er.

Lidt længere henne ad vejen
slænger en arm sig ud i luften
i intuitiv fremdrift.

Der mangler en mark,
hvis vi skal omfavne det landskab,
vi forbandt med den lykkelige omvej.

En der er bekendt med vejen
stiller sig ind foran en anden
med en drøm der forlader sin skal.

Jeg undrer mig stadig over,
hvordan et enkelt væsen
kunne indeholde selve grunden.

Når jeg siger, at du igen er på vej,
så er det fordi du står på asfalt.

I går var det grus.

Igen er du på vej.

The view of created freedom

It is not the music in your eyes
waiting for something to pass by.
I turn to another side
than where the stars are.

A little further down the road
an arm is flung out into the air
in intuitive progress.

A field is missing,
if we are to embrace the landscape
we associated with the happy detour.

Someone familiar with the road
places himself in front of another
with a dream leaving its shell.

I am still wondering
how a single being
could contain the ground itself.

When I say, you are on your way again,
it is because you are standing on asphalt.

Yesterday it was gravel.

Once again, you are on your way.

Vi lader os bevare ved et hav der aldrig dør for os

Den nærmeste bølge er den dybeste
i en himmelruin. Opridsede fugle
i den foranderlige retning
der langsomt bliver til.
Den tid der forbindes
med søjlen er et vindue
uden ramme. Selv mudderet
er sammensmeltet i fremstillingen
af et stenmørke. En planet der ikke kan tåle at blive set.
Jeg lod mig frembringe som et system
der aldrig viste sig for flyvende gæs,
men denne morgen
kan jeg stå og betragte,
men også lade mig samle.
Den vind jeg ikke kan bære
bliver din. Kulden er en glød
fra at kunne bevare strøet jord.
Altid tid til verden og sandkornet
er et lys.

We let ourselves be preserved by a sea that never dies for us

The nearest wave is the deepest
in a ruin of sky. Outlined birds
in the changeable direction
which slowly come into existence.
The time connected
to the column is a window
without a frame. Even the mud
is fused in the making
of a darkness of stone. A planet that can not bear to be seen.
I let myself be produced as a system
which would never come into sight for flying geese.
But this morning,
I can stand and watch,
and still bring myself together.
The wind I cannot hold
will be yours. The cold is one glow
from being able to preserve strewn soil.
Always time for the world,
and the grain of sand
is a light.

En enkelt dråbe er en fugleflok

Der er en sol i alle oplysninger, der aldrig fortættes.
En menneskemængde delt op i det vi ikke forstår,
og en gades glød vi aldrig kommer til at holde mellem hænder.
Når gaden bliver til en ny gade, er det et lys jeg ikke kender.
Jeg tilhører ikke dette sted, og du siger til alle på en åben plads,
at stederne er hinandens spejle. Strukturerne ændrer sig.
Åbne rum forveksles med splinter. Klare perler i en drivende tid
og en fugtig luft. Kend det andet spejl, før du kender dit eget.
Du ønsker at deltage, men du ved endnu ikke i hvilket rum.
Gaderne holder noget tilbage, og det er en ukendt identitet,
der i sin egen fremmedhed ikke kan forklare vores møde.
Livsstrålen tæt på os selv.
Jeg lader drømmen ligge længe.
Op ad et hus vil jeg ikke miste.
Jeg kan kan ikke skelne gaden fra landet.
Mellem fingre lærer jeg et sogn at kende.
Ledninger mellem højspændingsmaster i duernes søvn, når de kalder på
hinanden fra hver sin side af hvad jeg opfatter som sted. Miljøer krydses i en
udveksling af frie systemer,der grænser op til et land. Omgivelser der afviger
fra bevægelsen. Man forventer ikke at møde nogen,og sådan aflæses det yderste
punkt. Stråenes tråde i forståelsen og synspunkter i vinden. Det der ikke kan siges
mod trætoppene forsvinder i en fremmed lyd. Insekter samles i et naturligt hjørne
af himlen. Uden ting en anden retning for det omgivende område. Landskabet
skelner mellem forstanden og det åbne rum.
Nu navngiver vi hav.
Der er en vej for den der leder.
Nu navngiver vi land.
Der er en vej for den fortabte.
Nu navngiver vi en fremmed.
Der er en vej for den der begynder.
Nu navngiver vi en ven.
Der er en vej for den der lytter.
Det alle vinduer viser er vinden ude af sig selv.

A single drop is a flock of birds

There is a sun in all information that never condenses.
A crowd divided into parts we don't understand,
and the glow of a street we will never hold between our hands.
When the street turns into a new street, it becomes a light I don't know.
I don't belong to this place, and you tell everyone at an open square,
that places are each other's mirrors. The structures are changing.
Open spaces are confused with splinters. Clear pearls in drifting time
and damp air. Know the other mirror before you know your own.
You want to participate, but you do not know yet in which room.
The streets conceal something, and it's an unknown identity.
In its strangeness, it can't explain our meeting.
Ray of life close to ourselves.
I leave the dream for a long time.
Up against a house, I don't want to lose.
I can't tell the street from the land.
Between fingers, I get to know a parish.
Wires between high voltage masts in the sleep of pigeons, when they call each other from opposite sides of what I perceive as place. Environments are crossed in an exchange of free systems next to a country. Surroundings that diverge from the motion. You don't expect to meet anyone, and that's how the outermost point is sensed. Threads of straws in the understanding and views in the wind. What can't be said against the treetops disappears in a foreign sound. Insects gather in a natural corner of the sky. Without things a different direction for the encircled area. The landscape distinguishes between the mind and open space.
Now we name the sea.
There is a way for the searching one.
Now we name the land.
There is a way for the lost one.
Now we name a stranger
There is a way for the beginning one.
Now we name a friend.
There is a way for the listening one.
What all windows show is the wind beside itself.

Tændt støv

Noget i folket er først baggrundsstøj
for at blive til et punkt i stedet for en tanke.
En glød tilgives for at være et blik.
Det er enkelt at ændre vinden,
men vi bor over for himlen.
Som fugl må man sige til verden,
at man er alene.
Vi må befri følelserne fra sig selv.
Et lys jeg kan holde ved
uden at noget løber ned ad himlen
Jeg graver i solen.

Illuminated dust

Something in the people is at first background noise
to become a point instead of a thought.
A glow is forgiven for being a glance.
It is easy to change the wind,
but we live opposite the sky.
As a bird, one must say to the world,
that one is alone.
We must free the emotions from themselves.
A light I can hold on to,
without something running down the sky.
I dig into the sun.

Sirene

Her er intet samfund, men fuld af liv.
Min horisont har trukket bagvæggen
efter sig. Jeg har spolet solen tilbage
til et tilfældigt lands oprindelse. Krop
som sejl. Jeg vil bevare cirklen, hvor
ingen troede det var muligt. Landskab
der forsvarer sig selv. Jeg bærer båden
indeni over et hav.

Siren

Here is no community, but full of life.
My horizon has pulled the back wall
behind itself. I have rewound the sun
to the origin of a random country. Body
as a sail. I will preserve the circle, where
no one thought it possible. Landscape
that defends itself. I carry the boat inside
across a sea.

Ridser

Landet er ikke et nyt rum
med nye rum op ad sig.
Alle sjæle er dråber,
der aldrig falder.
Landet er ikke et rum.
Alle lande er i sig selv ord.
Landet er ikke et rum som alle andre.

Scratches

The country is not a new space
with new spaces alongside.
All souls are raindrops,
that never falls.
The country is not a space.
All countries are words in themselves.
The country is not a space like any other.

Aktiv ankomst

Aktiv ankomst af fraktaler fremmødt i
samlinger af tidspunkter, drivende forbi
i klaser, plukket ned som punkter, der
ihærdigt melder sig ind i opløselige
systemer, hvor engle synger lattermildt
over og under eksisterende vilkår. Her
bringer hestene oldtidsbyen frem i
bevidstheden på et jeg, som er hentet
frem fra strækninger mellem byerne,
der er umulige at gengive i hukommelsen.
Et jeg som sjældent er givet ud fra andet
end dets drømmebilleder, der
gennemstrømmer momentet
gestikulerende, og bevæger sig over
store afstande. Splittede hænder af ler,
hvis støv netop cirkulerer mellem
viadukter. Antikke krukker fylder
rummet op.

The action of arrival

The action of arrival by fractals present in
collections of times, drifting past
in clusters, picked down as points, that
persistently enter soluble
systems, where angels sing with laughter
above and below existing conditions. Here
the horses evoke the ancient city in
the mind of an ego, which is recalled
from stretches between the cities,
which are impossible to depict by memory.
A self emerges from anything
but its dream pictures, which
flows through the moment
of speak, and moves over
great distances. Fragmented hands of clay,
whose dust just circulates between
viaducts. Antique jars fill
the space.

Lightning Source UK Ltd.
Milton Keynes UK
UKHW050226280223
417776UK00007B/24

9 781398 498785